En mini-guide om psykisk vold

R.Corisande

En mini-guide om psykisk vold

© **2019 R.Corisande**

Forlag: Books on Demand GmbH, København

Danmark

Tryk: Books on Demand GmbH, Norderstedt,

Tyskland

" Et godt liv er den bedste hævn "

George Herbert, britisk digter

ISBN: 978-87-4301-323-5

Indholdsfortegnelse

Forord

At sætte sig for at beskrive, hvordan et liv med
psykisk vold er, kan være lige så forskelligt som der er
mennesker i disse forhold. Der er skrevet flere gode
bøger om emnet, og mange af dem går i dybden med
eksempler og løsningsforslag, til den der lever med
en krænker/narcissist/psykopat.

Mit bidrag til den verden er denne mini-guide, som
jeg håber at både den krænkede og de pårørende til
den krænkede, vil få glæde af at læse.

Udgangspunktet har været, at guiden skulle være
forholdsvis hurtig at læse, så at læseren ret hurtigt
får et overblik over de udfordringer der er, når man
har psykisk vold tæt på.

Bogens formål er at oplyse den KRÆNKEDE - (her personer, der udsættes for psykisk vold, i en eller flere relationer), **samt** hendes NETVÆRK/PÅRØRENDE om, hvorfor det er så svært for hende, at forlade relationen. Hvorfor hun gang på gang går tilbage til forholdet, hvorfor hun ikke forstår, hvad det gør ved hende, at blive i forholdet, og hvorfor hun ikke bare bliver hel og sig selv igen- lige med det samme, efter bruddet.

Jeg har kun mødt forstående mennesker, da jeg forlod mit forhold. Alle sagde at det var godt jeg forlod forholdet, at sådan et liv skal man ikke leve. De har alle ment det godt, men jeg har alligevel manglet at min omgangskreds helt forstod, hvad det var, jeg gik igennem. Det er jo helt ulogisk at forstå, hvorfor jeg blev ved med at tillade den psykiske vold. Men hvis man forstår baggrunden for, hvorfor nogle kvinder/mænd lander i et sådant forhold, tror jeg også, det vil blive nemmere for de pårørende at forstå, hvorfor de skal blive ved med at støtte den krænkede, i en lang proces, som først rigtigt starter, når hun kommer ud af forholdet. Efter bruddet med den psykiske vold, venter en lang rejse mod at blive hel og glad igen. Det er denne og baggrunden for at havne i et psykisk voldeligt forhold, jeg gerne vil fortælle her.

Med denne bog gør jeg opmærksom på, hvad det er der ligger bag, når nogle mennesker lever/bliver i dysfunktionelle relationer, alt for længe. Det være sig venner, job, kæreste, eller blot relationer, hvor der ikke er ligeværdighed mellem personerne. Hvor den ene har taget magten over den anden.

Som ven eller familie kan du ikke umiddelbart vide, hvad der skal til. Lyt, støt og signaler at du tror på at din veninde/ven kommer hel ud på den anden side. Der har været nok af mistro og manipulation i den krænkedes liv. En støttende og opmuntrende person, tæt på den krænkede, kan nemlig betyde en verden til forskel. Som pårørende kan du være der, når den krænkede igen og igen tvivler på, om hun nu også skulle have forladt forholdet/ skal forlade forholdet. Det vil hun gøre MANGE gange og den pårørende vil ikke forstå, hvad der driver hende.

Det er vigtigt i denne bog at slå fast, at enhver person der i min historie bliver omtalt og analyseret enten er den der krænker eller er den krænkede. Derfor

bruges disse to betegnelser.

Om man er krænker eller offer er ikke temaet i denne

bog. Det er i stedet den baggrund/de mekanismer,

som den krænkede lever med. Jeg vil også gerne

understrege, at det kun har været min hensigt at give

min viden videre i håbet om, at andre i samme

situation, vil kunne bruge min erfaring.

Jeg skriver om de erfaringer og udfordringer, jeg selv

har med en dysfunktionel barndom og dens

konsekvenser. Jeg ved også at der ikke findes to

barndom, som er ens. Derfor er det kun muligt for

mig at medtage de ting jeg husker, at have oplevet.

Andre som har været udsat for svigt i barndommen,

har andre erfaringer. Men uden omsvøb, tror jeg de

fleste forholdsafhængige mennesker, kan nikke genkendende til mange af de samme problemer. Der er en rød tråd i de menneskers liv, som har levet og lever i dysfunktionelle relationer.

Denne bog beror på autentiske oplevelser, op imod mulige psykologiske teorier, der er ment som en hjælp til forståelse af den krænkede. Det er også en mulighed for at forstå egen opvækst med fokus på at blive fri af fortidens skygger og blive hel indeni.
I bogen er den krænkede omtalt som hun, simpelthen for egen nemheds skyld, men det kunne lige så vel være en mand.

Socialstyrelsens definition af psykisk vold:

"Psykisk vold er alle de måder, en person kan skade, skræmme, krænke, styre og dominere andre ved hjælp af en bagvedliggende magt eller trussel".
Psykisk vold foregår ofte skjult og kan omfatte jalousi, trusler og kontrol. Psykisk vold kan for eksempel bestå af:

- **Direkte trusler**
- **Nedvurderende og ydmygende adfærd**
- **Kontrol og isolation**

- Det kan også være at skabe splid mellem den, der bliver udsat for vold, og personens familie og/eller venner.

Psykisk vold kan både være direkte og indirekte og kan komme til udtryk som jalousi, der bruges til at styre eller kontrollere partneren med.

Latent vold.
En særlig form for psykisk vold er latent vold – at den, der bliver udsat for vold er bevidst om, at volden kan opstå.
Latent vold kan opfattes som den mest dominerende form for vold, fordi risikoen for ny vold gør, at al adfærd bliver strategisk for at undgå ny vold.

Stalking

Stalking er en form for psykisk vold.

Ifølge den amerikanske psykoterapeut og forfatter Abby Rodman, er der fem sikre tegn på, at dit forhold er giftigt. Et af tegnene er, at din partner forsøger at trække dig ned og holde dig nede.

Hun har i Huffington Post beskrevet fem sikre tegn på, at du er i et psykisk voldeligt forhold når du ofte/hele tiden bevæger dig mellem følgende:

- *Opbakning versus nedrakning.*

- *Beundring versus kritik*

- *Empati versus ligegyldighed*

- *Balance versus kaos*

- *Ansvarlighed versus skyld*

Det kan være svært at erkende, at man lever i et psykisk voldeligt forhold, for volden kommer langsomt snigende og man vænner sig til utrygheden og den dårlige behandling.

Hvis du ikke tør at dele dine drømme og fremtidsplaner med din partner, er det så fordi du bliver mødt med spydige bemærkninger og snakken om, at du da aldrig kan gennemføre noget! Du lukker langsomt ned for den kommunikation, hvor du fortæller om dine projekter.

Ønsker din partner ikke at du skal få succes med dine projekter, fordi han mest af alt ønsker at holde dig der nede, hvor han kan styre dig?

Er du ked af det og måske langt nede, skal du ikke forvente at få en skulder at græde ud ved, hos din partner. Han mener at fokus skal være på ham, i stedet for.

I et psykisk voldeligt forhold, hersker der stort set altid kaos/drama. Du stræber efter fred, men din partner elsker drama og kaos. Og du bliver udmattet af denne kamp.

Din partner elsker at give dig skylden, for stort set alt, mens han selv intet ansvar føler. Løgne og bedrag er en del af denne ubalance

Min historie

"Luder ", " møgkælling ", " den dårligste mor i verden ", " du er psykisk syg ", " du er aldrig blevet til noget ", " du bliver aldrig til noget ", " hele din familie er

syge i hovedet ", " du er grim ", " du har aldrig

bidraget til noget økonomisk i vores forhold ", " dine

børn kan ikke lide dig", "du nasser "!!!!

Disse udtryk er blot et lille udsnit af alle de ting, min kæreste præsterede at kalde mig, on and off, i de mange år vi var sammen. På gode dage kunne han finde på at sige det stik modsatte, og prøve at være sød og rar. Du vidste ALDRIG, hvad han mente. Det er kun et lille udsnit af, hvad psykisk vold kan være, som ind i mellem var blandet med fysisk vold. Den psykiske vold er ofte forløber for den fysiske, men der findes ingen regler for, hvad der opstår først. Det eneste du kan være sikker på er, at første gang ikke bliver den sidste

Selv om jeg inderst inde godt vidste, at alt det han bebrejdede mig ikke var rigtigt, så begyndte jeg langsomt at lukke ned for mig selv. Min selvtillid og mit selvværd, bevægede sig kun i én retning og det var nedad! Jeg var trist og blev mere og mere initiativløs, jeg trak mig fra sociale sammenkomster. Det gjorde jeg af den grund, at når vi var kommet hjem fra et eller andet arrangement, begyndte min eks kæreste at skyde med de mest ondskabsfulde bemærkninger om mig og den måde jeg havde opført mig på. Han kunne holde mig vågen en hel nat, hvor han ikke lavede andet end at nedgøre mig og fortælle, hvor dårligt et menneske jeg var. Vi taler om flere timer, hvor dette stod på. Hvis jeg var heldig, kunne jeg liste mig ud af soveværelset og låse mig inde på et værelse, i håbet om at kunne sove. Sådan stod det på i flere dage. Han drak tæt i den periode.

Venner og familie begyndte langsomt at falde fra.

Han overfusede også dem, og fortalte dem, hvor

ringe personer de var. Så isolationen havde holdt sit

indtog. Jeg ønskede ikke, at få gæster eller tage i

byen, for jeg vidste hvad det kostede af drama og

kaos fra hans side, i en uges tid frem. Og selvfølgelig

gik det ud over mig.

Af og til udsatte han mig for fysisk vold. Et slag hist og

her, hvis ikke det var, at blive overhældt med en stor

cola, mens jeg lå og sov. Det var så ydmygende.

Enden på dette liv, blev da han en aften i fuldskab,

slog mig hårdt over mit skinneben, med en eller

anden genstand.

Lige der, fløj bægeret over og jeg iværksatte en

redningsplan, for mig og mit barn.

Generelt

Der er intet nyt under solen i, at børn der vokser op i
hjem med forskellige former for misbrug, ofte har et
stort arbejde foran sig, i form af at få et godt liv som
voksen. De svigt disse børn har været udsat for i
barndommen, rækker langt ind i voksenlivet. Det kan
være en lang og svær rejse at finde sig selv. Men der
behøver ikke nødvendigvis være
misbrug/afhængighed af den ene eller anden
karakter i en dysfunktionel familie. Forældrene
behøver ikke have et overforbrug af hverken alkohol
eller stoffer, for at lave ravage i børnenes liv. At
vokse op med psykisk vold, som en del af hverdagen,
kan sidestilles med de svigt, som børn af misbrugere

og andre dysfunktionelle voksne giver til deres børn.

Der er mange ligheder mellem børn af misbrugere og børn af psykisk voldelige forældre.

Mennesker, som lever/har levet i dysfunktionelle relationer, har ofte det til fælles, at deres barndom på mange måder ligner hinanden.

Det er mit håb at du som lever i eller har levet i et dysfunktionelt forhold, får indsigten og modet til at komme fri af snærende bånd, som kan have frataget dig retten til at leve DIT LIV, sådan som DU ER og sådan som du ønsker DIT LIV.

Der er alle mulige grunde til og beviser på, at hvis du lever i en dysfunktionel relation, er det på sigt lige så psykisk skadeligt, som hvis du befandt dig i en krigszone! - hvor PTSD også her kan komme på tale.

Mange som er opfostret i en familie, hvor fysisk og/eller psykisk vold var en del af hverdagen, lider af for lavt selvværd, angst, depression, dysfunktionelle forhold i voksenlivet, misbrug og mange andre ting. Faktisk kan man putte alle disse forskellige "diagnoser" ind under den samme kategori, nemlig den der står **forholdsafhængig** på.

Når jeg tænker tilbage på min barndom og de ting min mor har fortalt om sin barndom, er det helt sikkert at meget er båret videre fra den ene generation til den næste. Sådan er det i alle familier, men desværre kommer vi også til at bære det usunde videre.

Barndomshjemmet var stærkt præget af ambivalente følelser over for min mor. Hun var aldrig rigtig kærlig, hverken fysisk eller psykisk, og det var som om hun hele tiden så sit snit til, at få os børn til, at føle os forkerte. Vi levede for at opnå hendes anerkendelse, bare et øjeblik. Jeg ser i dag at jeg var SÅ optaget af at stille hende tilfreds at jeg glemte mig selv og mine egne følelser. Jeg levede for de øjeblikke, hvor jeg kom i nærheden af en accept fra min mor. Og i mit voksne liv fortsatte denne optagethed, nu var den bare ikke længere kun målrettet min mor, men alle de relationer jeg kom i; kærester, veninder, chefer og sikkert også flere andre. Og derfor blev mit arbejdsliv også præget af at tage sig af de svageste. Jeg nød at være den hjælpende og forstående part i mit professionelle liv, men det var også der jeg knækkede halsen og forlod arenaen, med stress.

Dette gik fint hånd i hånd med, at mit selvværd blev mindre og mindre. Jeg var blevet det man kan kalde **forholdsafhængig.** Desværre afhængig af dårlige relationer, det var jo blot en fortsættelse af barndommens utrygge relationer. Relationer, hvor jeg tog rollen som den der blev behandlet uacceptabelt. Jeg så ikke hvordan det hang sammen med miljøet i min barndom. Det er vigtigt for mig at understrege, at som jeg skriver, *-tog rollen som den der blev behandlet uacceptabelt*. Vi har til alle tider selv et valg om, hvad vi vil og ikke vil. Det blev vigtigt for mig i forbindelse med min tilgivelsesproces, som lå mange år efter jeg var flyttet hjemmefra, at jeg blev i stand til selv at kunne bære de oplevelser jeg

havde haft, uden at skulle skyde skylden på andre.
Her min mor. Du tænker måske, at et barn ikke har
mulighed for at regne ud, hvad det er der sker i
relationen. Det kan jeg kun give ret i. Men det er
heller ikke det, som er det vigtige her. Det vigtige er,
at du efter bearbejdelsen af dine oplevelser, som kan
tage mange år, bliver i stand til at droppe ideen om at
du aldrig glemmer og kan tilgive. Du SKAL heller ikke
glemme, men du bør forsøge at komme dertil, hvor
du tilgiver de mennesker der har gjort livet surt for
dig, for lige der er du først helt fri af dine traumer. I
bogen kommer jeg ind på **dit indre barn**, med forslag
til hvordan du sammen med dette kan komme fri.

Stemninger grundlagt i barndommen er stemninger
som vi ubevidst tager med os ud i livet. Der er

naturligvis forskel på om et barn en enkelt gang eller to bliver mødt med en dårlig stemning i hjemmet, eller om stemningen er konstant.

Jeg oplevede en konstant grundlæggende misstemning i hjemmet. Glæde og spontanitet var ikke tilladt. Familien var hele tiden underlagt min mors negative stemning, hendes frygt for at blive svigtet af sin mand, hendes paranoide forestilling om at alle i byen talte ondt om hende, hendes kontrol af andre, og en vis portion ondskabsfuldhed. Hvis disse ingredienser er hverdagskost for et barn, har dette barn ikke mange chancer for at komme helstøbt ud af sin barndom. Men der er hjælp at hente.

Det er nemmere at opnå gode relationer når man har et kærligt forhold til sig selv. At elske sig selv, før man kan elske sin næste! Mennesker der har levet i

dysfunktionelle forhold, som her en hel barndom,

elsker sjældent sig selv. De kan ikke mærke sig selv og

deres behov. Derfor er vejen til et nyt dysfunktionelt

forhold også let og genkendelig og mange går fra det

ene dysfunktionelle forhold til det andet. For hvordan

skal man kunne andet, så længe man ikke er klar over

hvad det er man gentager og hvorfor. Hver dag har

man været vant til utryghed og uforudsigelighed.

Man siger at vi kan lære noget af enhver krise vi

kommer ud for. Nogle mener oveni købet at man skal

være taknemlig for en krise, for kun der fra kan man

begynde at arbejde med sig selv. Måske fordi

alternativet ville være den totale opgivelse.

Heldigvis lever vi i en tid, hvor selvindsigt og

selvudvikling er helt normalt. Det kan man så vælge

at bruge, for ikke at blive ved med at bringe den dårlige energi videre til næste generation. Men i stedet forsøge at blive en bedre rollemodel, for egne børn.

Et godt sted at starte rejsen mod et liv med bedre selvværd, er at kigge på sit indre barn.

Har du nogensinde prøvet at kigge indad for at finde dit indre barn? Hvordan ser hun ud, er hun glad eller ked af det eller noget helt tredje? Da jeg begyndte at kigge indad og fandt mit indre barn/mig selv, kunne jeg først næsten ikke få øje på hende. Hun sad på gulvet med bøjede ben og hovedet ned mellem knæene. Hun virkede livløs og meget stille. I dag ved jeg, hun var depressiv. Hun følte sig forkert og uelsket. Al initiativ havde forladt hende. Hun havde kæmpet i mange år og lyset i hendes øjne var slukket.

Jeg blev meget ked af det da jeg så hende. Jeg

bevægede mig langsomt hen imod hende og satte

mig stille på hug ved siden af hende. Sådan sad jeg

lidt indtil jeg turde lægge min hånd oven på hendes.

Allerførst registrerede hun ikke min berøring, men

efter et stykke tid løftede hun hovedet og kiggede på

mig. Hendes ansigt var udtryksløst og øjnene løb over

med tårer. Stille tårer. Det ansigt jeg så var mig selv

som ca. 3-4årig. Et foto af mig, som jeg holder meget

af. På billedet smiler jeg, mens min storebror holder

om mig.

I starten da jeg begyndte at praktisere denne

egenomsorgs-terapi, kunne jeg ofte ikke finde barnet.

Jeg kunne ikke få kontakt, kunne ikke se hende og

måtte ofte opgive. Med tiden fandt jeg ud af at jeg

var nødt til at blive ved med at lede, ikke give op, for

hun var der jo et eller andet sted. Jeg forestillede mig

selv i forskellige aldre, for at mærke " hvilket barn "

der trængte mest til at få kærlighed og

opmærksomhed. De første mange måneder var det

det helt spæde barn. Jeg forsøgte i mine tanker at

provokere et ældre barn frem, men hver gang gled

spædbarnet ind foran det ældre barn. Jeg blev klar

over at jeg manglede tryghed og nærvær da jeg var

helt lille, hvilket hænger meget godt sammen med at

jeg efter fødslen, straks blev taget fra min mor og lagt

i et stykke brunt papir på køkkenbordet!

Vi ved at kroppen husker traumatiske hændelser,

som den på køkkenbordet må betegnes som.

Rent praktisk gør jeg det at jeg sætter eller lægger

mig ned, lukker øjnene et stille sted, hvor jeg ved jeg

ikke vil blive forstyrret det næste stykke tid. Jeg

begynder at få billeder af mig selv, som barn frem på

nethinden og rækker min hånd frem. Jeg tager

barnets hånd og "lægger" det på min brystkasse. Jeg

kigger på barnet, jeg har stadig øjnene lukket, det

hele foregår i kroppen. Jeg begynder ar fortælle

barnet at jeg synes hun er sød og smuk, at hun altid

vil kunne stole på mig og at jeg aldrig forlader hende,

igen. Mens disse tanker kører, lægger jeg mine arme

omkring en pude e.l. og krammer forsigtigt mit indre

barn. Jeg bliver rørt og glad under denne proces og

mærker virkelig følelsen af at holde af, mærker

hvordan jeg langsomt bliver fyldt op med gode

følelser, som jeg så tager med mig videre igennem

dagen. Det lille barn bliver fyldt op med selvværd og

elskværdighed samtidig med at jeg- det voksne barn,

igennem kontakten til det indre barn, får det bedre
og bedre.

Jeg håber kære læser, at du har modet til at møde dit
indre barn. For mig er det blevet et frirum, hvor jeg
får ladet mine batterier op, og bevarer troen på mig
selv.

Jeg forlod mit indre barn dengang i barndommen, jeg
vidste ikke andet. Jeg lod hende opleve tomhed og
angst, lod andre stikke vejen ud for hende. Jeg
forlader aldrig mig selv igen!

Den forkerte afhængighed

De fleste tror, at når vi taler om afhængighed, så handler det om, at være afhængig af enten alkohol eller stoffer. Men udover disse og mange andre, findes der også afhængighedsforhold.

Hvis du ofrer dig meget for andre, har du sandsynligvis et stort behov for bekræftelse. Du lader dig påvirke af din partners, chefs, veninders, ja alle de relationer du bevæger dig i, mening – så du glemmer din egen. I din barndom er du måske ikke blevet mødt med tilstrækkelig omsorg, anerkendelse og tryghed. Du forelsker dig i mænd, som har følelsesmæssige problemer og som du tror du kan redde, når bare du får lov til at give ham kærlighed. Hvis du kan nikke genkendende til nogle af disse udsagn, er du måske forholdsafhængig.

Dit selvværd er ikke så stort, som du ønsker. Du er bange for at blive forladt. Du er måske overforbruger af søde sager, alkohol etc. Men du ved ikke hvorfor. Dine egne grænser og behov tilsidesætter du for at hjælpe andre. Din partner.

Du reagerer som det lille barn du var engang. Nu er du blot voksen. Men din tilgang til andre mennesker er på nogle områder stadig, som da du var barn. Prøv at tænke på om du stadig lader være med at sige din mening til din partner/på jobbet, af frygt for at du vil føle dig forkert. Du mærker smerten når din partner igen ikke forstår at det du siger, ikke er det du mener. Du har igen forladt dig selv. Du tænker/føler at hvis du sætter en grænse her, for hvad du vil finde dig i, så går han fra dig. Du er fra barndommen vant til, at hvis du siger din mening/ er dig selv, vil din mor eller far tage deres kærlighed til dig, væk. Dit indre går i panik, du bliver angst eller får måske ligefrem angstanfald, du begynder at glatte ud overfor din partner, lover det aldrig skal ske igen. Men så længe du ikke har fået bearbejdet dit sorgfulde indre barn, er det med garanti, at de samme disharmoniske ting i forholdet, opstår igen og igen. Men du er ikke alene om at tingene kører i ring og ikke ændrer sig. I er to om det. To sårede børn. Ofte er din partner et lige så forsømt barn, som du selv.

Kendetegnende for disse to mennesker/to sårede børn er, at man ubevidst søger utrygge forhold, som det er meget svært at slippe. Min læser, tænk på om du har haft lyst til at forlade et forhold/ stort set alle de forhold du har været i, men ikke har kunnet give slip. At utryghed er bedre end ingen tryghed. Du kender det at være utryg i relationen med dine forældre, så du tænker ikke umiddelbart på at denne utryghed har sine rødder helt tilbage til din barndom og derfor hvirvles du nemt ind i forhold med ulige magtfordeling. Man taler her om gentagelsestvang, hvor den krænkede igen og igen søger disharmonien i sine forhold. Den samme disharmoni, som hun oplevede som barn, men nu som voksen i håbet om, at hun DENNE gang kan redde forholdet. Hun tror fejlagtigt at hun med sin kærlighed til sin partner, kan redde ham/deres forhold, når bare hun elsker nok/mister sig selv. Hun bliver i relationen pga. håb om bedre tider, hun tror hun kan "elske" disharmonien væk. Men det eneste hun opnår er, at hun selv kører længere og længere ned. Hun forbliver i relationen som den der skal redde deres forhold.

Hun oplever ikke et ligeværdigt forhold, for partnerens reaktion er gjort af samme stof, som det hendes forældre bød hende. Magtkampe, hvor hun altid vil tabe. Og alligevel fortsætter hun ufortrødent med at forsøge at udligne disharmonien i forholdet. Indtil hun en dag bliver opmærksom på, at dette liv ikke er det hun havde håbet på. Hendes tristhed i forholdet fortæller hende at noget er galt. Og forhåbentligt søger hun en eller anden form for hjælp, til at kunne se det usunde mønster, hun er fanget i. I denne proces er det af stor vigtighed at hendes familie og venner er støttende. Værd at vide er, at hun mange gange vil falde tilbage til forholdet, både fysisk og psykisk. Men omgangskredsen må blive ved med at tro på hende, så længe hun selv ytrer, at hun vil ud af forholdet. Hvis hun går tilbage til det dysfunktionelle forhold, så lad være med at slå hånden af hende. Støt hende i stedet i at komme videre, igen. Det kræver nogle gange flere forsøg, før hun endeligt forlader forholdet. De mønstre hun handler efter, blev grundlagt i barndommens påvirkelige tid og massivt plantet, som en del af hende. Måske er tiden lige så lang for hende til at komme ud af mønstrene, som hun har været i dem! Det er en hård, men forløsende kamp at "få lov til" at kende sig selv, måske for første gang i livet. Kære pårørende, vid at I ikke kan støtte for meget.

Min situation var, at min mor var uforudsigelig, til tider fjendtlig – hvis hun ikke fik lov at bestemme. Ligeså blev jeg ambivalent overfor hende efter genforening, jeg ville hende gerne men jeg blev afvisende overfor hende. Jeg lærte at jeg ikke kunne stole på hendes følelser for mig.

Min baggrund blev et hjem med megen ensomhed, for hvem skulle jeg dele mine problemer og glæder med, når det jeg sagde ofte var ilde hørt. Det var ingen forståelse for at et barn havde brug for at ytre sig. Den opmærksomhed som var i hjemmet, var en blanding af irettesættelser, nedgøring, aldrig at være værd at stole på, overdreven beskytter trang, som bestod i at jeg sjældent fik lov til noget. Jeg tænker her, at min mor havde et stort behov for at kunne kontrollere mig = hun fik det sikkert dårligt når hun ikke vidste hvad jeg lavede. En kontrol hendes liv var meget styret af. Resultatet af dette blev et barn, som havde svært ved at tilknytte sig relationer og som gik fra en utryg tilknytningsadfærd til en utryg

tilknytningsstil. Nissen flytter med! Det er her vigtigt

at understrege at utryg tilknytningsstil ikke er en

skæbne. Man kan ændre den.

Kvinder med en lignende baggrund forlader sig ofte

på partnere, som er følelsesmæssige utilgængelige.

Det kan være kvinden falder for gifte mænd,

misbrugere – både af alkohol, stoffer

arbejdsnarkomaner eller kriminelle. Disse mænd er

optaget af deres misbrug i et eller andet omfang og

derved er distancen lagt imellem kvinden og manden.

En afstand som kvinden har oplevet igennem sin

opvækst. Barnet ville gerne sin mor, men pga. den

afstand der opstod til moderen, fik barnet ikke et

naturligt tilhørsforhold til hende. Det gentager sig nu

i kvindens voksne relationer. Hun nøjes med at

arbejdsnarkomanen, misbrugeren etc. ikke sætter

hende i første række. Der er noget der er vigtigere for

manden. Sådanne forhold er ofte præget af

voldsomme op og nedture, igen en fortsættelse af

barndommens utryghed. Hun er vant til denne

ballade med kontrol og ulige magtfordeling. Derfor

forlader hun ikke sin mand/elsker, eller sit job med

en dysfunktionel chef - med risiko for at gå ned med

stress. Akkurat som hun heller ikke forlod sin

mor/far. I stedet for forlod kvinden sig selv som barn,

hun kunne ikke andet– det var en måde at overleve

barndommen på.

Jeg oplevede at mine meninger og ord, kun var værd

at høre på, hvis jeg talte mine forældre efter

munden. Mine egne iagttagelser og vilje var tæt på

ikke eksisterende. Jo, de eksisterede for mig, men mine forældre havde en magt til kun at levne mig plads, hvis jeg mente det samme som dem. Prøv at forestille jer de forskellige udviklingstrin et barn gennemgår for netop at blive klar til voksenlivet. Undervejs er det helt naturligt at barnet og de voksne ikke er enige om alt. Den fornemmeste opgave her må være, at man lærer sit barn dels, at have en mening og at bruge den, men også at barnet oplever selvværd i kraft af sine meninger.

Hvis jeg havde en anden mening end dem, blev jeg for det første mødt med en følelse af at jeg havde gjort noget helt galt, min mor havde et bestemt udtryk i ansigtet og hun begyndte med det samme at skamme mig ud. Skammen gav mig skyldfølelse. Jeg følte mig forkert.

Sådanne overlevelser hos et barn, kan senere i livet udvikle sig til depression eller overforbrug af nydelsesmidler. Det kan også vende sig modsat og blive en kilde til anoreksi og andre psykiske lidelser.

Den utrygge barndom var præget af grænser som blev overskredet, samt for barnet en evig kamp for at få familiefreden til at indfinde sig. Jeg husker det, som at jeg var i konstant alarmberedskab over, at skænderierne enten ikke skulle starte eller, at jeg var den der skulle få gemytterne til at lægge sig. Hver gang det foregik tænkte jeg på, hvem af mine forældre jeg skulle holde med. Og hver gang fik jeg dårlig samvittighed over, at jeg valgte den ene frem for den anden. Jeg følte ganske enkelt skyld uanset, hvordan forløbet var. Denne skyldfølelse kan man så bære med sig ud i livet og den bliver som en klods om benet. Det kan bevirke at den krænkede går ind i forhold, hvor partneren overskrider hendes grænser. Hun føler at hun skal hjælpe sin partner med hans problemer og glemmer sig selv. Hun tror at konflikten er hendes skyld. Hun håber og tror, igen – som i barndommen, at hun kan forandre og redde ham ved blot at give ham masser af kærlighed. Hun glemmer sig selv. Enten ser hun ikke farerne i forholdet eller også ignorerer hun dem, for denne gang – og ikke som i barndommen, hvor det ikke lykkedes, VIL hun redde partneren og hjælpe ham med hans problemer, og dermed redde deres forhold til hinanden. Kvinden prøver ganske enkelt at lappe det hul, hun ikke kunne lukke i sit dysfunktionelle forhold til sine forældre. Hun gentager ubevidst sin rolle og gerninger fra barndommen, denne gang bare med sin partner. Den kontrollerende partner er blot en forlængelse af den kontrol hun oplevede i forholdet til sine forældre. Hun har svært ved at navigere i forholdet til partnere og kommer nemt til at falde for mænd med dys-sociale træk. Samtidig er hun optaget af drømmen om det gode liv, de to skal leve sammen.

I mit barndomshjem var det normalt at mine
forældre kaldte hinanden ting. Dumme ting. Men det
værste var nok, at det altid handlede om, hvem der
kunne gøre den anden mest ked af det. Igen stod jeg
der og ville mægle i mellem dem, men kunne ikke
bestemme mig for, hvem jeg skulle holde med. Det
endte oftest med, at min mor fik det sidste
modbydelige ord og at far gik ind i stuen og
smækkede med døren. Så kunne min mor blive ked af
det og begynde at græde, samtidig med hun søgte
trøst hos mig! Jeg hadede det, for jeg var selv meget
ked af det og jeg ville ikke kun trøste min mor, far
skulle også have trøst. Jeg husker følelsen tydeligt fra
dengang, og at jeg gik på værelset alene. Der prøvede

jeg at glemme episoden. Tiden efter et sådant opgør

var slem. Min mor svarede ikke min far i flere dage,

og han blev mere og mere frustreret og irriteret,

indtil helvede brød løs igen. Den tavshed, også kaldet

silent-treatment, som min mor praktiserede, ramte

som en hammer. Jeg gik rundt og følte mig tilovers,

hun så mig ikke og kommunikation var der meget lidt

af. Det var meget ensomt. Jeg ved, min mor selv var

udsat for silent- treatment som barn og dette gav

hun desværre videre til sine egne børn!

I dag forstår jeg bedre min fars raserianfald, som

kunne opstå ud af det blå. Et raseri som gjorde mig

bange og forsigtig. Jeg er sikker på den har været et

afløb for den afmagt han følte til min mor, når hun

igen og igen lukkede af for al kommunikation og

tosomhed. Hun støbte kuglerne og gav far skylden for

alle skænderier, samtidig med hun fik det til at se ud, som om det var ham der var skyld i uroen.

Jeg fik mit første angstanfald da jeg var ca. 7-8år. Jeg husker det meget tydeligt. Jeg sad på toilettet og pludselig slog angsten ned i mig, som et lyn. Jeg skreg på min mor, som kom løbende og fik mig ned af toilettet. Hun spurgte hvad der var i vejen og grædende sagde jeg at jeg var bange for at dø! Hun løftede mig op og bar mig ind til min far i sofaen. Der satte hun mig og forsvandt ud af stuen. I dag er jeg sikker på at hun nok selv har haft lignende problemer. Hun magtede ikke at trøste mig og spørge ind til mig. Hun valgte i stedet at forsvinde. Angsten fulgte mig helt op i 40års alderen. Der har også været perioder med moderat depressivitet. Dette er jeg i

dag sikker på stammer fra den psykiske vold i
barndommen.

Der blev delt megen skam og skyld ud i min barndom.
Det kan vel ikke helt undgås at mennesker kommer til
kort og forsøger at pådutte hinanden dårlig
samvittighed, ved at fortælle om den andens
fejltagelser. At have gjort noget forkert udløser
skyldfølelse, fordi man har gjort noget forkert. Vi
fortryder vores handling og afsoner med en
undskyldning. Har man et lavt selvværd, har man ofte
brug for at give flere undskyldninger, hen ad vejen,
fordi man har en følelse af ikke at være god nok.
Skyldfølelse og skam hænger sammen.
Skam derimod er en følelse af at VÆRE forkert. Ikke
at GØRE noget forkert, som skyld er.

Ved skamfuldhed har man mest lyst til at gemme sig/blive usynlig. Nogle reagerer på skam ved at nedgøre sig selv, andre benægter eller angriber andre, verbalt eller fysisk. Vi oplever os selv som noget negativt. Vi kan ikke lide os selv, føler ikke vi er værd at elske. For nogle kan følelsen være så stærk at vedkommende ikke føler han/hun har ret til at eksistere.

Hvis du husker at skam også har været en fast følgesvend i dit liv, håber jeg du med denne ligning også kan finde din vej ud af forkerthedsfølelsen og blive fri; - disse følelser bliver omdannet til Skygger, Skygger som vi bærer med os hele livet, medmindre vi lærer dem at kende. Især kvinder er slemme til at kalde sig selv til de værste ting. Vi nedgør ofte os selv i vores indre dialog. At nedgøre dig selv, kan i yderste konsekvens medføre dårligt selvværd, angst, depression, stress.

I dysfunktionelle relationer er mindst én af de involverede bange for at miste/blive ladt alene tilbage. Dette er en af grundene til at være forholdsafhængig. Altså mindst én af parterne føler sig ikke tilpas i relationen, men samtidig med ønsker de heller ikke at relationen slutter. Man håber til stadighed at relationen skal blive bedre, at den forurettede kommer til at opleve mere opmærksomhed og omsorg fra partneren. Man bliver ved med at udskyde relationens opløsning, fordi man håber at næste gang vil partneren forandre sig, give mere opmærksomhed og forståelse til partneren. Det sker bare aldrig. For hvem af de to sårede børn skal først erkende det dysfunktionelle mønster, de to voksne har til hinanden? Man mangler simpelthen tidligere erfaringer fra barndommen om nærhed og varme fra moderen, til at kunne opbygge et stabilt og trygt forhold til partneren. Netop den tilknytning, som senere i livet skulle give os gode muligheder for sund tilknytning til andre voksne relationer. Hvis vi ikke har lært hvad ægte nærhed er, bliver vi usikre på hvordan vi skal forholde os til andre og ikke mindst, hvad kan vi egentligt tillade os. Vi ved at vores forsøg på god kontakt med forældrene/omsorgsgivere aldrig blev indfriet og derfor bliver det også svært at fortælle en partner/chef/ ven, hvilke behov og ønsker man har for denne relation. Når man altid har identificeret sig selv som GIVEREN i et forhold, har man også tit svært ved at rumme modpartens

opmærksomhed. Så selv om man måske får
opmærksomhed fra den anden part, har man svært
ved at tage i mod den. Og dette skaber naturligvis uro
i relationen. Partneren vil gerne give, men bliver
mødt af den anden i forholdet, som på sin
selvudslettende måde, afviser nærheden. Dette vil
ofte udløse magtkampe i forholdet.

Jeg fandt ud af at lige der, hvor jeg blev mest bange
for at komme ud af dårlige relationer, var der hvor
jeg var bange for at blive svigtet/stå alene, ja når jeg
gjorde noget for min egen skyld. Og hvorfor nu det?
Mine forældre brugte i flæng sætningen " – **det**
(underforstået at have min egen mening og udtrykke
den) **kommer du til at fortryde når vi engang er
døde!**" Det kunne være, hvis jeg udtrykte en negativ

holdning om mine forældre. Som man jo særligt gør i puberteten! Det var ikke bare nogle få gange den sætning blev kylet i hovedet på mig, det var HVER gang jeg ikke var enige med dem, eller de ikke følte de fik deres vilje med mig. Jeg husker jeg blev bange og tynget. De talte ikke bare til min skyldfølelse, de skammede mig også ud for at være en " grimme pige". Så både min mening og mig kunne de ikke lide. Helt bogstaveligt skulle jeg gå ind på mit værelse og skamme mig. Jeg vidste ikke hvad jeg skulle gøre derinde på værelset, men jeg følte en dyb sorg over at være adskilt fra mine forældre. Jeg var ikke en del af fællesskabet, så længe jeg stod derinde. Så ret hurtigt lærte jeg at jeg ikke skulle ytre mig, med mindre jeg var enig med, især min mor. Jeg husker en enkelt gang, hvor jeg vovede mig ud fra værelset. Jeg åbnede døren ind til stuen, hvor mine forældre sad.

Jeg havde skrevet en lille seddel, som jeg havde

krøllet sammen til en kugle. Så kunne den nemlig

bedre flyve! På sedlen havde jeg skrevet " undskyld

mor, jeg gør det aldrig mere, jeg elsker dig " jeg

kastede papirkuglen ned i stuen til hende og den

landede i skødet på hende. I gennem dørsprækken så

jeg hun pakkede sedlen op og læste den. Hendes

reaktion var at hun rev sedlen i stykker og kiggede

hen på mig. Derefter vendte hun sig om og så TV. De

følgende dage talte hun ikke til mig. Jeg havde ikke

sonet nok endnu! En sådan form for psykisk vold

sætter sine spor. Det blev en del af min hverdag.

Samtidig blev en desværre fast følgesvend i mange

år, angsten. Selv om mit barndomshjem var åbent for

familie og venner, og som med garanti ikke opfattede

vores familie, som den var, så var og blev det et ustabilt og utrygt hjem, hvor jeg ikke oplevede følelsen af at være okay, som den jeg var. Jeg lærte at tilpasse mig andres behov og blev alt for god til det.

To sårede børn

Kvinder bliver ofte forelsket i mænd, som enten er arbejdsnarkomaner eller misbrugere. Hun tror hendes opgave er at frelse dem fra deres svagheder og glemmer derfor sig selv. Hun har ofte en tro på at kærligheden overvinder alt. Hvad hun ofte ikke ser, er at der ikke er tale om kærlighed, men en afhængighed af hinanden. Hvis du er sammen med en partner, som har oplevet lignende i sin barndom, er I pludselig to "børn" med nogenlunde samme fortegn, hvor ingen af jer kan være den voksne.

Rollerne fordeler sig så ofte sådan, at kvinden er den der tager beskytterrollen og den som hele tiden prøver, at få partneren til at føle sig godt tilpas. Hun håber at han en dag vil give hende nærvær, men det er et spil der aldrig stopper. Hun drømmer om prinsen på den hvide hest, og ved ikke at hun ikke kunne være længere væk fra den drøm. Hun er nødt til at træde ud af den rolle og finde sig selv, før kan hun ikke møde sin prins. To forholdsafhængige partnere, kan aldrig give sig selv eller den anden, det de behøver. Her skal den enkelte ind og arbejde med sig selv og bagefter viser det sig, at det slet ikke er den type partner de har brug for. Kvinden i sådanne forhold drages ofte af mennesker, der har det svært og som hun mener har brug for hjælp. Hendes hjælp.

Hun drages selvsagt at personer der minder om hendes forældre, personer som lever i kaotisk miljø. Disse personer er ustabile, kan have hang til misbrug af en eller anden art. Fejlagtigt er dette ikke et oprør imod forældrene, men i stedet en gentagelse af barndommens velkendte utryghed. Hun føler sig ofte stresset, overhører signalerne der minder hende om at hun trænger til ro og hvile. Disse signaler opfatter hun ikke, hun lever stadig med de psykologiske overlevelsesstrategier, hun kender fra barndommen. Her var hun nødt til at ignorere sådanne signaler for at overleve, psykisk.

I forbindelse med at leve sammen med en misbruger,

bruger man tit begreberne medafhængig. I misbruger

verden, betyder det at den afhængige har mennesker

omkring sig, som ikke selv er afhængige af rusmidler,

men som benægter/skjuler den afhængiges misbrug

og igen og igen prøver, at få styr på problemerne.

Den medafhængige tillader et andet menneskes

adfærd at påvirke sig samtidig med, at hun bliver

besat af at kontrollere misbrugeren og dennes

adfærd.

Den medafhængige lever med et livstema om at

afvise sig selv. Som hun gjorde i barndommen!

Selvværdet har lidt et knæk og dette kan være

årsagen til at hun føler sig deprimeret og måske

angst. De skader hendes selvværd fik i barndommen,

leder hende ofte videre i forhold, hvor hun underkaster sig og lader sig behandle dårligt af en partner. Hun har ofte ikke fået opfyldt sine følelsesmæssige behov, trygheden kendte hun ikke og den gode kontakt til forældrene oplevede hun ikke. I et forhold opstår så muligheden for at få disse ting opfyldt, men kvinden er tilbøjelig til at finde en kærlighed, som ligner den hun fik i barndommen. Hun er vant til at mangle nærvær, tryghed, anerkendelse, så hvad er nemmere end at falde for en partner, som heller ikke er i stand til at give hende det? Mærkeligt er det derfor heller ikke, at mange som slås med en chef med psykopat lignende træk, ofte kommer fra en barndom med dysfunktionelle oplevelser. Så længe vi ikke ved bedre, bliver vi ved med at søge utrygheden. Det er som om, at

UTRYGHED er bedre end INGEN TRYGHED. På arbejdspladsen vil hun også forsøge at lappe de huller der måtte være, i det kollegiale samarbejde/med chefen. Men hun formåer ikke at sige stop, at hun ikke vil finde sig i dårlig behandling fra arbejdspladsens side. Dette medfører desværre mange sygemeldinger. Men i et parforhold, får man ikke lige en sygemelding, for hvem er det der er syg? Her er det forholdet, som er sygt. Rollerne er ulige fordelt. Ofte er begge partnere sårede børn, som "slås" om at få magten. Så snart, her kvinden, begynder at tænke på at forholdet skal afsluttes, får hun dårlig samvittighed og lader sig igen og igen overtale af manden til at blive. Hvad hun på dette tidspunkt ikke ved, er at hun gentager det spil, hun selv blev udsat for i barndommen. Mor og far skændes, hun tror det er hendes skyld, hun føler

skam, hun forsøger at få parterne til at stoppe, hun er

meget ensom. I det voksne parforhold forsøger hun

også at dæmpe gemytterne, være den lyttende, lade

sine grænser overskride, men som i barndommen

forlader hun igen sig selv.

For at komme ud af denne **medafhængighed,** er man

nødt til at lære at bringe fokus på sig selv, og ikke

længere misbrugeren. Som medafhængighed har

man først og fremmest taget hensyn til misbrugeren,

nu er tiden til at lære egne behov at kende og bringe

dem frem i livet. Dette er meget svært. Din "autopilot

", er vant til at tænke, "ham først", skjule for andre

hvordan det egentligt står til, at tilsidesætte dine

egne behov. Det kan være svært at begynde at tænke

på sig selv, men det kan lade sig gøre. Pludselig at

begynde at handle på, hvad man selv godt kan lide og ikke kan lide, hvad man egentligt interesserer sig for, når man ikke længere vil tage hensynet til misbrugeren først. Jeg mener det her er af stor betydning, at man har nogle mennesker omkring sig, til at hjælpe med at holde fast og ved det, man finder ud af er godt for én. Det er utroligt svært at begynde at tænke på sig selv og endnu mere at begynde at efterleve det. En god terapeut er også en mulighed her. Så som pårørende kan du være meget nyttefuld, ved at du taler med den krænkede/medmisbrugeren om hendes nye situation. Blot det at finde frem til, hvad hun egentligt gerne vil bruge tiden på, er ofte meget svært. I et langt liv har hun måske aldrig mærket, endnu mindre handlet på, egne ønsker. Det kan tage lang tid at komme dertil, men der bliver sat en proces i gang inden i hende og den er svær at stoppe. Tålmodighed og forståelse, er her nøgleordene. I denne ventetid er det helt normalt, at den krænkede/medmisbrugeren har svært ved at slippe drømmen om, hvor godt hun og partneren kunne have det. Hun har svært ved at slippe håbet om de to, hun er nærmest besat af, at de to er skabt for hinanden. Så derfor vil hun i starten vakle mellem at passe på sig selv og passe på ham. Hun vil højst sandsynligt også gå tilbage til ham, flere gange. Men jo mere hun bliver klar over, hvor smerten fra barndommen kommer fra, jo tættere kommer hun på at blive hel og vide hun kan klare sig uden ham. Og som voksen og ikke som barnet, hun var engang, har hun muligheden for at se på og ændre de dysfunktionelle mønstre, hun voksede op med. I dag har hun muligheden for at vokse sig fri af disse mønstre. Men det tager tid.

- Så kære pårørende, støt hende og hold ved og ud! Hun har overlevet en barndom og noget af sit voksenliv på bekostning af mange dårlige oplevelser, en tryghed som hun ikke fik som barn og som naturligvis er umulig at få nu, men som hun nu kan lære at give sig selv. Du skal vise hende, at du tror på hende, indtil hun også selv gør det. Man taler om kvinder, der elsker for meget, hvilket hun i virkeligheden ikke gør! I stedet for elsker hun sig selv for lidt! Hun forelsker sig i en person, der ligner hende, men hun forelsker sig lige så meget i de dramaer der kører imellem hende og manden, et mønster hun har lært i barndommen.

Jeg vil her kort nævne de skyggesider, vi alle bærer rundt på. Skyggesider opstår i barndommen, som en konsekvens af de sider af os selv, som vore forældre ikke vil have vi har. Vi skal opføre os pænt, og hvad det vil sige, er op til de enkelte forældre. Hvis du altid er blevet påduttet at bekymre dig om, hvad naboen tænker om dig, ja så indretter du din opførsel efter det og gemmer sider af dig selv væk. Måske måtte du ikke være højrøstet eller grådig for din mor eller far, så du undlod at vise disse sider af dig selv. De blev til skyggesider. Det hænger sammen på den måde, at når du møder et andet menneske og føler dig tiltrukket af denne, kan det lige så vel være dennes skyggesider du forelsker dig i, som det kan være de træk som er ens hos jer. Så hvad er det der sker, når man forelsker sig i en person med svære skyggetræk?

For mig at se drages vi mod det, vi ikke selv tør at være og som vi har lært at gemme væk. Mødet med en dysfunktionel person, kan derfor drive den, som er opvokset i kaos og med forbud mod at udleve alle sine følelser, ud i forhold med ulige magtfordeling og lavt selvværd. Den som begynder at arbejde med sine skygger og lærer dem at kende, vil stille sig et bedre sted, i forhold til ikke at lade sig gå på af negative mennesker. At integrere de sider af sig selv, man har gemt væk, vil gøre én stærkere og mere ligeglad med, hvad andre mener om én. Vid, at der findes både lyse og mørke skygger at integrere. De lyse er dem vi ser hos mennesker vi fascineres af. Hvis du aldrig har fået lov til at udfolde dig og være skør, men gerne ville du kunne, så må Sofie Linde være et dejligt eksempel på en lys skygge du kan integrere i dig selv. For hvorfor må vi for eksempel ikke også opføre os fjollet? Hvem har bestemt at det var forbudt? Det har nogle af os lært i barndommen og derfor tør vi ikke være det. Men hvis du tør at integrere denne lyse skygge, vil dit liv begynde at forme sig på en anden måde. Du vil blive mere tilfreds med dig selv. Det du ikke vil være, vil ikke lade dig være! Hvad enten det er en mørk eller lys skygge. Så prøv i det små at begynde at integrere dine skygger i dit liv. Jeg tror du mærker en forskel ret hurtigt.

Jeg husker en episode, hvor jeg har været 8-9 år. En

venindes mor, havde set sig sur på mig og hun

fortalte mig, hvor uartigt og forkælet et barn jeg var.

Hun sagde at jeg var heldig med at nogen gad at være

veninde med mig! Jeg glemmer det aldrig. Denne

voksen havde tidligere været en venindes søde mor,

men noget må have plaget hende, eftersom hun

sagde sådan til mig. Jeg begyndte at græde og gik

hjem. Jeg var SÅ bange for, hvad min mor ville sige til

mig, hvis jeg fortalte hende om denne episode. Jeg

kunne nemlig aldrig være sikker på at hun ville vælge

mig. Trøste mig og fortælle mig at jeg IKKE var

forkert. Jeg fortalte aldrig min mor om episoden. Den

slags gør ensom. Og når jeg tænker tilbage på alle de

ting, der ville have været naturligt for et barn at tale med sin mor om, så ved jeg i dag at jeg lukkede af for hende. Jeg ville ikke såres.

Den følelse, en episode som ovenstående skabte hos mig, blev en tro følgesvend.

Man fristes til at spørge, hvorfor slår nogen forældre deres barn, når de selv har oplevet at blive slået. Eller som her, hvorfor trøstede min mor mig aldrig/ gav mig plads til at være mig, når hun selv havde været udsat for denne form for psykisk vold? I psykologien taler man om "gentagelsestvang". Som ordet siger, man er tvunget til at gentage traumatiske oplevelser/dysfunktionelle relationer, for ligesom at få muligheden for igen og igen at lappe på de dårlige oplevelser, man havde i barndommen.

Et par ord til de pårørende!

Så kære pårørende til en ven, som er i en dysfunktionel relation: - vær ikke dømmende, den krænkede bruger det enten til at blive i et sådant forhold, eller vende tilbage til det igen og igen, som en slags overlevelse. Så længe den krænkede ikke selv forstår denne mekanisme, vil jeres mening om at den krænkede skal gå eller ikke vende tilbage til forholdet, ingen som helst effekt have. I stedet skubber I vedkommende væk fra jer, og hun føler sig endnu mere alene/forladt. Og netop følelsen af forladthed, som hun kun kender alt for godt, vil give modsat reaktion hos hende. Nu forsøger hun måske endnu mere, at få den dysfunktionelle relation til at lykkes, for vennerne forstår hende ikke/støtter hende ikke med sådanne udsagn. Kvinden er uvidende om, at hun blot gentager barndommens mareridt om, at forlade sig selv. Som tilskuer til dette, tager I jer sikkert til hovedet og tænker: hun kommer aldrig videre i sit liv. Men jo, det gør hun! Den dag, hvor nok er nok og virkelig også føles sådan, da ophører den dårlige relation. Men vejen dertil kan være meget lang, og jeg tror at vejen vil være lidt kortere, hvis den krænkede, ikke også skal forholde sig til de venner og bekendte, for hvem det ikke kan gå hurtigt nok, at hun forlader relationen.

Jeg mener simpelthen ikke det kommer dem ved, hvor hurtigt eller hvor langsom denne proces er. Det eneste de pårørende skal forholde sig til, er at støtte og være der for den krænkede, ALDRIG komme med

ytringer om, hvorfor hun ikke bare går fra relationen

eller om hun ikke skulle passe lidt bedre på sig selv,

underforstået – du må ikke gå tilbage til relationen.

At forstå er, at hun et helt liv ikke har lavet andet end

at forsøge at passe på sig selv. Hun lærte sig selv den

forsvarsmekanisme, for ikke at bryde sammen

allerede i barndommen. Hvis hun bare var sød og

medgørlig, og det kun var de andre der fik deres

følelsesmæssige behov tilfredsstillet, ja så havde hun

da en chance for at overleve. Læs her; ikke at mærke

angsten og ensomheden for at blive forladt. Og netop

derfor blev **det** ikke at kunne sige fra/ forlade andre

mennesker, et tema i livet. Ikke at kunne sige fra i

ganske almindelige situationer, stammer også fra

denne angst for ensomhed og forladthed. I overført

betydning; hvis jeg siger nej/fra overfor en person, vil jeg opleve angsten for at blive alene, relationen går fra mig. Så den gamle følelse af forladthed kan også opstå i almindelige hverdagssituationer. Situationer, som andre mennesker kan have svært ved at forstå. Hvorfor blev jeg altid trist indeni, når jeg skulle sige farvel til mennesker? Det lyder ulogisk, når man ikke kender baggrunden herfor. Men med en viden om, at være blevet forladt igen og igen i barndommen, bliver det nemmere at forstå! Det indre barn rører på sig ved afsked, indtil man har lært det indre barn at det er okay at tage afsked, uden at gå i stykker over det.

Pas på - Flyvende aber!

At være pårørende til en person, der lever/har levet i
et dysfunktionelt forhold, kan have sine udfordringer.
Når man først har fået indsigt i de bevæggrunde, der
ligger til grund for at den krænkede har svært ved at
forlade forholdet/går tilbage til forholdet, er man
nået langt. Man har som pårørende fået en indsigt,
der kan hjælpe den krænkede ud af/videre efter et
dysfunktionelt forhold. Og man har som pårørende
fået muligheden for bedre at forstå den krænkede og
dermed være en større hjælp/støtte for hende. Men
der ligger ofte endnu en stor udfordring i det, der i
denne sammenhæng kaldes for " de flyvende aber "

Flyvende aber, er her et andet udtryk for krænkerens hjælpere. Det er familie og venner, som krænkeren har manipuleret over på sin side, og hvor den krænkede kommer til at stå helt alene. Krænkeren vender rundt på virkeligheden og fortæller til venner og familie, hvor umulig, syg i hovedet osv. du er. Krænkeren vil bruge alle kneb for selv at stå i et bedre lys. Krænkeren manipulerer i den grad med virkeligheden, og det kan være svært for den krænkede at opleve. Ofte er disse aber medløbere, som er mere optagede af at være vellidte end af at stå fast. De ser på mange måder op til krænkeren og håber, at de ved at gå hans ærinde og omtale den krænkede dårligt, får noget af hans opmærksomhed. De håber på at få særstatus hos ham. Og krænkeren har i den grad brug for aberne, for at han kan føle sig stor. Abernes opgave er at skabe løgne til fordel for krænkeren, så ingen tror at hun forlod ham, men at det var ham, der smed hende ud. Du vil som pårørende til den krænkede opleve, hvor mange løgne og manipulation krænkerens omgangskreds er blevet fyldt med!

Så kære pårørende, vær opmærksom på at disse mennesker findes og kun er med til at gøre den krænkede, endnu mere usikker på sig selv. Man kan aldrig nå disse aber med fornuft. De tror kun på krænkerens ord og vil have eks-partneren til at fremstå, som den **han** siger hun er.

Men hvad gør man så med disse aber? Både den krænkede og hendes pårørende skal sætte fuldstændig tydelige grænser over for dem. Gå din vej, hvis de ikke accepterer din grænse. Og prøv så vidt muligt at undgå at tænke på dem. Man kan håbe på de en dag indser, hvor forkert det, krænkeren gjorde, var og dermed reflekterer over deres egen medvirken. Mister aberne deres tro på krænkeren, mister krænkeren sin magt. Krænkeren har ingen magt uden aberne!

Fremtiden

Det der har hjulpet mig meget i mit arbejde med, at komme fri af den psykiske vold er, at jeg på et tidligt tidspunkt bestemte mig for, at jeg ville have et kærlighedsforhold til mig selv. I starten vidste jeg ikke, hvad det gik ud på, men langsomt begyndte jeg at mærke bitte små ting, som jeg interesserede mig for/blev glad over at tænke på og udføre. Sammen med mit indre barn, som jeg begyndte at tage mig af, foldede jeg mig lige så langsomt ud og kunne begynde at mærke mig selv.

Tiden efter bruddet, var hård og svær og jeg faldt i flere gange, med min eks-kæreste.

Samtidig med at min heling af mig selv gik i gang, begyndte mit behov for at vide hvad min eks kæreste lavede og hvordan han havde det, at fylde mindre og mindre. Jeg var på vej til at slippe kontrollen af ham. Jeg blev klar over at livet var bedre uden ham, at min afhængighed af ham, var noget der hørte min barndom til og, at jeg nu som voksen godt kunne leve uden den afhængighed.

Brug dine venner og familie til at snakke om, hvordan du har det. Tal om det svære. Lad dine nærmeste læse denne bog, så I har det samme udgangspunkt at snakke ud fra. Jeg ville ønske en sådan bog havde været tilgængelig, da jeg tog de mange og lange snakke med min omgangskreds. Jeg husker, hvor træt jeg blev af, at skulle forklare igen og igen om de valg jeg tog og som mine nærmeste slet ikke forstod. Det ville de måske have gjort, hvis de havde læst denne bog.

Jeg forstod at det ikke længere var min opgave at få min eks kæreste til at føle sig godt tilpas/hjælpe ham og dermed tilsidesætte mig selv. Jeg forstod nu, at det er *hans opgave* og *mulighed* at gøre noget ved sine egne problemer. Ikke min.

Jeg har lært at sige nej og fra overfor ting, jeg ikke vil være en del af. Jeg er blevet bedre til at sætte grænser og give slip på andres problemer. Jeg lytter gerne til dem, men den pågældende er selv ansvarlig for at ændre dem.

Åben rådgivning

I dag tilbydes der Åben Rådgivning, på flere af landets krisecentre. Åben Rådgivning tilbydes kvinder, som ikke bor på krisecentret. Du kan ringe anonymt til dit lokale krisecenter og høre, om de tilbyder denne ordning.